✻ 차 례 ✻

까꿍!

나야 나. 산골짝의 다람쥐.

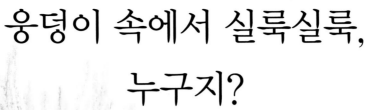

웅덩이 속에서 실룩실룩, 누구지?

까꿍!

나야 나. 큰 엉덩이 하마.

덤불 속에서 움찔움찔,
누구지?

까꿍!

나야 나. 깡충깡충 토끼.

이불 속에서 꼼지락 꼼지락,
누구지?

까꿍!

나야 나.

모두 다 안녕?

그린이/남은미

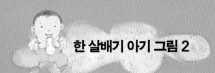

아장아장 걸어요!

거북이도, 오리도, 고양이도, 강아지도, 우리 아기처럼 잘도 걷네?
거북이처럼 엉금엉금, 오리처럼 뒤뚱뒤뚱, 고양이처럼 살금살금,
강아지처럼 강종강종, 우리도 따라 해 볼까?

엉금엉금 거북이가 걸어요.

뒤뚱뒤뚱 오리가 걸어요.

살금살금 고양이가 걸어요.

강종강종 강아지가 걸어요.

아장아장 나도 걸어요.

그린이/유진희·박완숙

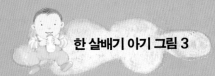

냠냠, 잘 먹어요!

여우는 포도가 맛있대. 냠냠 맛있게 잘 먹네?
우리 아긴 뭐가 제일 좋아? 그래그래, 사과, 포도, 고구마, 수박, 모두모두 좋아.
원숭이처럼, 여우처럼, 곰처럼, 우리 아기도 맛있게 먹으렴.
"잘 먹겠습니다!" 옳지, 옳지. 그렇게 인사하는 거야.

사과 좋아!

냠냠 맛있다. 잘 먹겠습니다!

포도 좋아!

냠냠 맛있다. 잘 먹겠습니다!

고구마 좋아!

냠냠 맛있다. 잘 먹겠습니다!

수박 좋아!

얼뚱얼뚱 우리 아가
새근새근 잘도 자지.

그린이/남은미

여기에 글을 쓴 허은미는 오랫동안 출판사에서 일을 하다가,
지금은 어린이 책 기획 모임 '보물섬' 에서 일하고 있습니다.
지금까지 만든 책으로는 〈종알종알 말놀이 그림책〉,
〈잠들 때 하나씩 들려 주는 이야기〉, 〈아기곰은 이야기쟁이〉 등이 있습니다.

여기에 글을 쓴 조은수는 '보물섬' 에서 일하다가,
지금은 영국에서 그림을 공부하고 있습니다.
지금까지 만든 책으로는 〈봄날, 호랑나비를 보았니?〉,
〈노래나라 동동〉, 〈옛날 사람들은 어떻게 살았을까?〉 등이 있습니다.

한 살배기 아기 그림책 발달 단계에 맞는 아기 그림책①

기획 및 글·보물섬/그림·남은미, 유진희, 박완숙/디자인·여백/초판 발행·1999년 8월 10일/7쇄 발행·2001년 2월 26일/발행인·문승연/편집·김혜형/
발행처·돌베개어린이/주소·서울특별시 마포구 서교동 337-6/전화·(02)338-4143/팩스·(02)333-3847/등록번호·제 10-1782 호/등록일·1999년 7월 2일

ISBN 89-950669-1-1 77370
ISBN 89-950669-0-3 (세트)
값 7,000원